A LA MÊME LIBRAIRIE:

THÉATRE DE CAMPAGNE

Recueil périodique de Comédies de salon.

PREMIÈRE SÉRIE

Avec une préface de M. ERNEST LEGOUVÉ, de l'Académie française

Contenant : *Ma fille et mon bien*, par M. E. Legouvé; — *Paturel*, par M. Henry Meilhac; — *Le monde renversé*, par M. Henri de Bornier; — *La soupière*, par M. E. d'Hervilly; — *Autour d'un berceau*, par M. E. Legouvé; — *Les petits Cadeaux*, par M. Jacques Normand; — *Silence dans les rangs!* par M. E. d'Hervilly; — *La Fleur de Tlemcen*, par MM. E. Legouvé et Prosper Mérimée; — *Avant le bal*, par M. Prosper Chazel; — *Un salon d'attente*, par M. Charles Edmond.

DEUXIÈME SÉRIE

Contenant : *La Lettre chargée*, par M. E. Labiche; — *Les Crises de Monseigneur*, par M. Gustave Droz; — *Le Mari qui dort*, par M. Edmond Gondinet; *Sa Canne et son Chapeau*, par M. le comte W. Sollohub; — *Vent d'Ouest*, par M. E. d'Hervilly; — *La Vieille Maison*, par M. André Theuriet; — *Une Sérénade*, par M. le comte W. Sollohub, — *Les Convictions de papa*, par M. E. Gondinet.

TROISIÈME SÉRIE

Contenant : *La Gifle*, par M. Abraham Dreyfus; — *La Cage du lion*, par M. Henri de Bornier; — *De Calais à Douvres*, par M. Ernest d'Hervilly; — *A la baguette*, par M. Jacques Normand; — *Le Coupé jaune*, par M. Henri Dupin; — *Georges et Georgette*, par M. Emile Abraham; — *O mon Adélaïde*, par M. Charles Narrey; — *Les Prunes*, par M. Alphonse Daudet; — *Les Revanches de l'escalier*, par M. Ernest d'Hervilly — *La Force des femmes*, par M. Henri Meilhac.

QUATRIÈME SÉRIE

Contenant : *L'Amour de l'Art*, par M. Eugène Labiche; — *Entre la soupe et les lèvres*, par M. E. d'Hervilly; — *Volte-face*, par M. Emile Guiard; — *Retour de Bruxelles*, par M. Eugène Verconsin; — *La Corbeille de Mariage*, par M. Georges de Létorière; — *Notre cher Insensibilisateur!* par M. E d'Hervilly; — *Le Collier d'or*, par M. Albert Millaud; — *Marie Dural*, par M. Adrien Decourcelle; — *Les Fraises*, par M. André Theuriet.

CINQUIÈME SÉRIE

Contenant : *Ho! le Vert!* par M. Charles Narrey; — *La Part du lion*, par M. Adrien Decourcelle; — *Le Valet de Cœur*, par MM. E. de Najac et H. Bocage; — *Tout chemin mène à Rome*, par M. André Raibaud; — *La Mouche*, par M. Emile Guiard; — *Aux Arrêts*, par MM. J. de Rieux et d'Au; — *Les deux Sous-Préfets de X...*, par M. Jules Guillemot; — *Le Cap de la Trentaine*, par M. Eugène Verconsin; — *L'Andalouse*, par M. Alfred Billet; — *Scrupules*, par M. Ernest d'Hervilly; — *Le Confessionnal*, par M. Abraham Dreyfus.

SIXIÈME SÉRIE

Avec une préface nouvelle de M. E. LEGOUVÉ.

Contenant : *L'Agrément d'être laide*, par M. E. Legouvé; *Un crâne sous une tempête*, par M. Abraham Dreyfus; — *Une femme bien pleurée*, par M. Paul Delair; — *Comme on fait son lit*, par M. Paul Ferrier; — *Le Sergent*, par M. Paul Déroulède; — *Le Secret de Théodore*, par M. Eugène Verconsin; — *L'homme aux pieds retournés*, par M. Charles Cros; — *Les enfants avant tout*, par M. Ernest d'Hervilly; — *L'Embarras du choix*, par M. le comte W. Sollohub; — *Vénus*, par M. Henri Bocage; — *20,000 francs* par M. Emile Desbeaux; — *Les Bouquets*, par M. Eugène Ceillier; — *Le Secret d'une vaincue*, par M Ernest d'Hervilly; — *Une pluie de baisers*, par M. Alfred Séguin; — *La Vision de Claude*, par M. Paul Delair; — *La Perle fausse*, par M. Emile Jonan; — *L'Homme perdu*, par M. Charles Cros.

Chaque série, 1 vol. in-18 jésus à 3 fr. 50.

Imprimerie générale de Châtillon-sur-Seine. — Jeanne Robert.

G. FEYDEAU

LA PETITE RÉVOLTÉE

MONOLOGUE EN VERS

PRIX : UN FRANC

PARIS
PAUL OLLENDORFF, ÉDITEUR
28 *bis*, RUE DE RICHELIEU, 28 *bis*

1880
Tous droits réservés.

LA PETITE RÉVOLTÉE

MONOLOGUE EN VERS

Dit pour la première fois, au Cercle des Castagnettes
le 2 avril 1880.

A LA MÊME LIBRAIRIE

BAVARDES (Les), scène tirée du *Mercure galant* de Boursault. 0.50

BRETELLES (Les), monologue en vers, par V. Revel, dit par M. Armand Des Roseaux. In-18 . . . . . 1 »

DÉMOCRITE (Scène tirée de), de Regnard, arrangée par Coquelin aîné, de la Comédie-Française. In-18 . 0.50

ÉLECTION (L'), monologue en vers, par Julien Berr de Turique, dit par Coquelin cadet, de la Comédie-Française. In-18. . . . . 1 »

MOLIÈRE, stances par Charles Joliet, dites à la Comédie-Française par Mmes Sarah Bernhardt et Lloyd, le 15 janvier 1879, à l'occasion du 237e anniversaire de la naissance de Molière. In-18. . . . . 0.50

MOUCHE (La), monologue en vers, par Émile Guiard, dit par Coquelin aîné, de la Comédie-Française, 3e édition. In-18 . . . . 1 »

PETIT-JEAN, par J. Truffier, à-propos en vers, dit à la Comédie-Française par Coquelin aîné, le 21 décembre 1878, à l'occasion du 239e anniversaire de la naissance de Racine. In-18. . . . . 1 »

UNE PRÉSENTATION, monologue, par Mlle J. Thénard, de la Comédie-Française. In-18. . . . . . . 1 »

IMPRIMERIE GÉNÉRALE DE CHATILLON-SUR-SEINE. — J. ROBERT.

LA
PETITE RÉVOLTÉE

MONOLOGUE EN VERS

PAR

G. FEYDEAU

Dit pour la première fois, au CERCLE DES CASTAGNETTES,
le 2 avril 1880,
par Mademoiselle O. D'ANDOR

PARIS
PAUL OLLENDORFF, ÉDITEUR
28 *bis*, RUE DE RICHELIEU, 28 *bis*
—
1880
Tous droits réservés.

LA
PETITE RÉVOLTÉE

Ah! c'est trop fort! je suis en rage!
Me traiter de cette façon!
Vous figurez-vous qu'à mon âge,
Maman me chasse du salon!

Oui, c'est le mot! maman me chasse
Sans crainte de m'humilier.
Mais à la fin, cela m'agace,
Et je suis lasse deplier!

Je suis une bonne nature,
Je patiente, mais... tout doux!
Il ne faut pas que cela dure
Ou je me fâche, voyez-vous!

Enfin, à vous tous j'en appelle!
N'ai-je pas raison franchement?
Me voici grande demoiselle :
Pourquoi me traiter en enfant?

Ce qu'on m'a fait, c'est une honte,
C'est une atteinte à mon honneur!
Je sens le rouge qui me monte.
Mais l'on verra si j'ai du cœur!.....

Tantôt à la porte l'on sonne,
— J'étais avec mère au salon —
Et soudain, voilà que la bonne
Annonce : « Monsieur Montalon! »

« Monsieur Montalon! fait ma mère,
» Vite, fillette, viens t'asseoir,
» Et tiens-toi bien, car c'est le père
» Du jeune homme de l'autre soir! »

« Et tiens-toi bien, car c'est le père
» Du jeune homme de l'autre soir! »
Pourquoi me dit-elle ça, mère?
Quel rapport ça peut-il avoir?

Enfin monsieur Montalon entre...
Si vous saviez comme il est fait!
Vieux, chauve, petit, un gros ventre!
Non, je n'ai rien vu de si laid!

Et pourtant, le fils, ce me semble,
Du père est le portrait frappant!
C'est drôle que l'on se ressemble,
Et que l'on soit si différent!

Car le fils, ne vous en déplaise,
Est vraiment un joli garçon
Mais je m'étonne qu'il me plaise,
Quand je vois monsieur Montalon.

Bref, quand maman, selon l'usage,
Eut fait la présentation,
Je le vois qui me dévisage,
Avec grande obstination!

Je me sentais embarrassée,
Et cela se comprend vraiment!
Se voir ainsi dévisagée,
Je vous assure, c'est gênant!

Lorsqu'il m'eut bien considérée,
Le vieux réfléchit un instant
Puis, d'une voix très altérée,
Dit en s'adressant à maman :

« Ah ! mademoiselle est charmante,
» Madame, et j'ai certain projet
» Dont vous serez ma confidente...
» Je veux vous parler en secret ! »

... Et maman m'a mise à la porte,
Sans égard pour ma dignité ;
Il a bien fallu que je sorte,
Mais vrai, c'est une atrocité ! »

Il faut toujours qu'on m'humilie !
« Maman ne me manque jamais !
» Hier, pour voir une comédie,
» Elle me conduit aux Français. »

Eh bien ! au plus joli passage
De cette pièce, elle eut le front
De me faire partir, ô rage !
Tout ça, pour me faire un affront !

Enfin toujours elle tourmente,
On a beau faire ce qu'on peut,
Jamais on ne la voit contente,
Elle ne sait ce qu'elle veut!

Tenez, une preuve entre mille.
Vendredi soir sur le palier
Je parlais à M. Léville,
Le locataire du premier;

Ce n'était pas un bien grand crime!
Un brin de causette en passant,
C'est une faute bien minime.
Mais quand elle apprit ça, maman,

Ah! sainte Vierge! quelle vie!
Je ne l'oublierai de longtemps,
Disant que c'est une infamie
Que de parler aux jeunes gens!

Ne croyez pas qu'elle le pense!
Son seul but en réalité,
C'était de me faire une offense,
Une offense à ma dignité!

Et je vais le prouver bien vite!...
Trois jours après, à la maison
Nous recevons une visite
Du fils de monsieur Montalon!

Or, voyez si ce n'est pas bête,
Si cela se comprend vraiment.
Maman nous laisse en tête-à-tête,
Là, tous les deux, bien gentiment.

Nous ne savions trop que nous dire,
Et c'était même très gênant!
Enfin, il se mit à sourire,
Et je souris également.

Dès lors la glace était brisée :
Nous commençâmes à causer,
Et moi bien vite apprivoisée,
Pour trois je me mis à jaser.

Puis enfin, de fil en aiguille
Il en vint à parler d'amour,
Il me dit que j'étais gentille,
Et me fit quelque peu la cour!

Il se mit à genoux par terre,
Et m'embrassa bien longuement ;
Quant à moi, je me laissais faire,
Ne pouvant agir autrement.

Mais comme il était de la sorte
A m'embrasser bien tendrement,
Tout à coup, voilà qu'à la porte
Je vois apparaître maman !

Je deviens rouge, embarrassée...
Mais, à mon grand étonnement,
Loin de paraître courroucée
Elle sourit en nous voyant !

Or que veut dire ce sourire?
Que peut-on conclure de là?
Si ce n'est pas se contredire,
Comment appellerez-vous ça?

Ainsi donc, quand maman me gronde,
Ce n'est que pour me taquiner !
Et c'est toujours devant le monde,
Qu'elle cherche à m'humilier !

Que je voudrais qu'on me marie,
Pour pouvoir être libre enfin !
Rester fille, Dieu ! quelle vie !
Quand donc en verrai-je la fin !

Au moins lorsque je serai dame,
Mon mari me traitera mieux !
Un bon époux, je le proclame,
Est le plus grand bienfait des cieux !

. . . .

Non, mais que peuvent-ils bien faire ?
Ce vieux est des plus indiscrets
De tenir si longtemps ma mère
Pour lui raconter ses secrets.

Que peut-il avoir à lui dire ?
Cela m'intrigue franchement !
S'il voulait que je me retire,
C'est que c'était intéressant !

Si j'écoutais par la serrure ?...
Quoi ! c'est un moyen excellent.

Chez les femmes, je vous assure
Que tout le monde en fait autant.

. . . .

Ah! mon Dieu! que viens-je d'entendre?
« Cher monsieur, ma fille est à vous! »
Non... ce n'est pas... j'ai cru comprendre...
Monsieur Montalon! mon époux!

Quoi! moi, je deviendrais la femme
De cette vieille antiquité!
Non, par exemple, je réclame,
J'ai ma petite volonté.

Donc, maintenant l'on me marie
Sans seulement me consulter?
Ah! c'est trop fort! quelle infamie!
Je finis par me révolter.

A quoi peut bien penser ma mère
De me donner un tel mari!
Il est au moins... quinquagénaire!
Vraiment c'est un joli parti!

Enfin me voyez-vous : « madame
Montalon! » Quel nom singulier !
Ce serait beau pour une femme !
C'est un vrai nom de cordonnier !

Oh! tout n'ira pas de la sorte
Et je lutterai s'il le faut!
Je ne crains rien, moi, je suis forte,
Il faudra me prendre d'assaut!

Elle écoute à la porte.

« ... Je puis répondre de ma fille,
Car je sais qu'elle aime Gaston,
Et je suis aise, en ma famille
De voir entrer un Montalon!... »

Hein! quoi!... ce n'était pas le père!
C'était donc moi qui me trompais!
Est-ce bien possible! oh! ma mère,
Comme je te calomniais!

Oui, tu dis bien, Gaston, je l'aime,
— Je puis l'avouer entre nous —

Pour lui mon amour est extrême
Et je le rêvais pour époux !

Enfin, je vais être sa femme !
L'on m'appellera : « Montalon ! »
Non, voyez-vous, ce que je blâme,
C'est qu'il ait un si vilain nom !

... Mais bah ! les noms cela se change,
On n'a qu'à mettre un « de » devant.
« Montalon » tout court, c'est étrange,
Mais « de Montalon » c'est charmant !

Enfin je vais être madame,
Et je vais épouser Gaston !
Ma foi, je n'y tiens plus... et dame !
Tant pis, je retourne au salon.

Fausse sortie.

Mesdames ! avant que je sorte,
Un conseil dans l'intimité :
N'écoutez jamais à la porte,
Ce n'est pas un bon procédé !

Ou bien alors, je vous propose
De bien écouter... jusqu'au bout !
Car, à se tromper l'on s'expose,
Si l'on n'a pas entendu tout !

FIN

www.ingramcontent.com/pod-product-compliance
Lightning Source LLC
Chambersburg PA
CBHW070429080426
42450CB00030B/2386